AF279603

Zenlyrik

Zen ist nicht und kann nie sein und doch umarmt Zen die ganze Welt. Zen ist dein Weg und doch gibt es deinen Weg nicht. Wahrheit heilt und befreit und ist doch leer. Zen bleibt der Dharma des Buddha. Denn Zen fragt dich: „Willst du weiter leiden oder dich befreien?"
Diese Gedichte sind deine Brücke zum Erwachen. Nutze sie als Meditationsobjekte. Meditiere über die Gedichte und lerne dich besser zu entspannen. Lies die Gedichte, um die buddhistische Weisheit zu verstehen, die dir hilft dein Leben heilsamer zu gestalten und dich vom Leiden zu befreien. Der Geschmack des Dharma ist der Geschmack der Befreiung. Das hat Buddha gesagt! Befreie dich mit den Dharmagedichten von deinem Leid und deinen Sorgen, indem du den Weisheitsblick entwickelst. Werde glücklich durch das Lesen der Gedichte, denn die Weisheit des Dharma offenbart dir die Geheimnisse des Glücklichseins!

Perlenkette

Kurz im lang.
Dieses Leben
Zwischen den Wiedergeburten.

Durchschneiden

Im Zen.
Kein Wort. Kein Bild.
Gelöst.

Torloses Tor

Im Rot der Hagebutte
Und im Blau des Himmels
Findest du das Gegenteil.

Sutra

Avalokiteshvaras Herz.
Sariputras Lektion.
Leeres Gespräch.

Wahres loslassen

Im Zen
Gibt es kein Ziel.
Im Zen
Gibt es keinen Weg.

Der Stab

Chan begann.
Seon schob sich rein.
Zen erobert die Welt.

Hohler Stamm

Drinnen warm.
Draußen kalt.
Körperlichkeit.

Sein Halblächeln

Tränen und lachen
Sind Menschensachen.
Nach dem Erwachen.

Kleiner Kaktus

Pflanze welkt.
Bodhisamen
Gesät.

Berggeist

Blauer Berg.
Unbekannter Schreiber.
Leeres Gedicht.

Herbstlaub

Der Wind weht.
Die Kerze erlischt.
Du schaust tiefer
Und zerstörst
Das Ego-Haus.

Mystische Natur

Im Wind.
Im Regen.
Im Sommer.
Loslassen.

Ungeboren

Totgeburt.
Herz zerreißt.
Karmastrom?

Brennen

Grün und blau.
Herz im Stau.
Rote Leidenschaft.

Durchschauen

Dunkel umschließt.
Unsichtbares Land.
Schritte.

gesellen

Voll.
Bus. Bahn.
Hass. Ungemach.
Mitgefühl. Verbundenheit.

Stress pur

Böser Boss.
Anhaftungen
An den Job.

Gemachtes Leid

Abhängig
Vom Geld.
Geld ist
Konstruiert.

Deutsche

Harte Zeiten.
Dickes Fell.
Zartes Herz.

Unschuldig

Babys.
Lösen Lächeln.
Spiegelnde Weisheit.

Moderne Zeit

Warteschlange.
Keine Geduld.
Schlechte Laune.

Fließen

Die Kinder.
Gesterngänger.
Morgenversteher.
Heuteverlasser.

Karmafalle

Internet und
Handysucht.
Massiver
Zeitverlust.

Ex

Ein Gedanke
Klebt und
Quält.

Resonieren

Stimmen
Wirren unendlich
Im Raum.

Zeitstrom

Turbulente Kindermassen.
Lautes Lachen.
Hektische Ruhe.

Aktenleichen

Menschen Konferenzen.
Niemand will.
Sinnlose Bürokratie.
Keine Zeit für Weisheit.

Ergreifen

Tag der Geburt.
Geburtstag.
Tag der Wiedergeburt.
Wiedergeburtstag.

Ameise

Morgens.
Träume abwaschen.
Tristen Alltag anziehen.

Ruhe

Goldglanz.
Karmisches Gewand.
Schweigend erwachen.

Gewahr

Der Atem.
Macht der Berge.
Fluss des Seins.

Kopfhörer

Junges Blut.
Ungestüm. Langer
Weg zum Glück.

werkzeugen

Sprache.
Getrennt. Vereint.
Befreit. Verletzt
Und heilt.

Unpassierbar

Im Zen.
Kreis ohne Mitte.
Anfang des Endlosen.

Deine Gier

Spinnennetz.
Umhüllter Leib.
Fliege.

Kleiner Wald

Wut.
Raus. Boxsack.
Shaolin.

Dharmapala

Nie Allein.
Mit den Göttern.
Die kein Sein.

Wegbegleiterin

Ihr Blick ruht.
Jeder Schritt
Ein Geschenk.

Zueinander finden

Überraschung.
Spannung. Stau.
Explosion.

Dein Tag

Leere Zeit.
Momente feiern.
Umarmen.

Arbeitsstress

Morgens.
Verkrampfen.
Nicht-schlafen.

Unsere Zukunft

Du.
Verbunden oder getrennt.
Ich.

Überall

In jedem. Schneekristall.
Das Buddharad.
Sehen.

Saison

Der Zug der Gänse
Im Herbst.
Der Zug des Atems
Auf dem Kissen.

Aufgeblasen

Macht.
Glaube an dich.
Ohnmacht. Narzisst.

Alles zieht vorbei

Räder rollen.
Gedanken kreisen.
Fensterscheibe.

Klar

Befreiter Blick
Erschrickt
Nicht.

Spiegel

Wann
Erkennst du
Dich?

Nächstes Leben

Zucker. Zunge. Gier.
Was ist zu viel?

Nachbarin

Fremde Frau
Schwenkt den Po. Lust entbrennt.
Betrug?

Verbindung

Zwei Kontinente fern
Am Telefon.
Ein Augenblick
Der Erkenntnis vereint.

2.0

Handysucht.
Digitale Trennwand.
Entfremdete Menschen.

Zeitenwende

Neue Zeit.
Alte Probleme.
Menschen.

Innenkehr

Holz.
Geruch von Spänen.
Die große Säge
Zerteilt den Stamm.

In der Küche

Backblech.
Schokoteig.
Erleuchtungsgeruch.

Karmaschätze

Familie.
Karma erschafft,
Liebe lebt fort.

Erleuchtetes Gesicht

Trübe Stunden.
Harte Tage. Schwere Zeiten.
Geliebtes Weib
Rettet!

Am Rand

Schmutziger Straßenfeger.
Leeres Karma.
Weises Lächeln.

Wahrer Feind

Schlagen. Treten.
Schießen. Innere Dämonen
Quälen.

Nie wieder

Alles vergeht.
Sinnloser Trennungsschmerz.
Dankbares erinnern.

Reife

Junger Mann.
Sinne fangen.
Alter Mann.
Vergangen.

Alpträume

Unerleuchtete Gedanken
schmerzen mehr
als tausende Schläge.

Kochen

Kartoffeln schälen.
Möhren raspeln.
Das wahre Selbst
Freigelegt.

Unerleuchtet

Nacht.
Dunkelheit.
Geist.

Linien

Quadrat im Kreis.
Narr im Weisen.
Gieriger Mönch.

Direkt

Meditierend
TransZendieren.
Besser einfach nur
Hier und jetzt.

Fest

Er.
In meinem Geist.
Erinnerungen.
Festgeklebt.

Job

Schreiner schreinern.
Bäcker backen.
Maler malen.
Buddhas lachen.

Fensterblicke

Nasser Beton.
Stiller Moment.
Naturbilder.
Entspannen.

TV

Glotze.
Stiehlt.
Dein Leben.

Rohes

Stoff auf Haut.
Gefühlt. Berührt.
Mitgefühlt.

Hektik

Bekämpfte
Alltagsmomente.
Gefühlte Ohnmacht.

Baumhort

Ein kühler Hauch.
Nackte Haut.
Verloschen.

Chefetagen

Masken.
Anzüge und Blusen.
Gelebte Lügen.
Selbstbetrug.

Ernten

Schön scheinen.
Nichts Gutes tun.
Früchte.
Allein.

Im Fleisch

Flinke Münder
Scharf wie Schwerter.
Millionen Tränen
Wehen im Wind.

Illusionär

Schweißnass.
Zittrig.
Albtraumhafte Gedanken.
Geraubtes Lebensglück.

Keramikstuhl

Oben rein.
Unten raus.
Oben schön.
Unten Graus.

Befreite Augenblicke

Durchschneide
Den Schein.
Erwache im Sein.

Zwing dich!

Yoga am Morgen
Befreit von Kummer und Sorgen.
Yoga am Morgen
Heilt und befreit.

Verändert

Ein kühler Lufthauch.
Der Gong schlägt.
Tiefer Blick.

Marktplätze

Gesichter tanzen
Wie Spatzen.
Weltgeschwätz.
Weises Schweigen.

zazen

Himmel auf
Erden.
Himmel beim
Meditieren werden.

Strahlen

Erleuchtet.
Sonnenstrahlen kitzeln
Wach!

Gehmeditation

Weites Land.
Felder und Wälder.
Leere Wandersleute.

Keine Garantie!

Computer, Roboter
Und Reichtum bringen keine
Heile Wiedergeburt.

Ohne Worte

Sinn und Unsinn
Sind des Geistes
Kind.

Städtler

Trampelnde Füße.
Keine Achtsamkeit.
Hektik pur.
Burnout-Gefahr.

Tee

Im Café.
Viele Tische.
Gesammelte Menschen.

Sinnloses Leid

Ein Blumenstrauß.
Wunderschön.
Todgeweiht.

Unsterbliche Kunst

Alte Bilder
Im Museum.
Wiedergeborene Maler.

Trennwände

Plastiksträuße.
Betonstädte.
Künstliche Menschen.
Mitgefühlsfrei.

Reiz(sch)wellen

Roter Mantel.
Sinnesbrand.
Schminke verdeckt.
Karmischer Schreck.

Mondfinger

Im edlen Holz
Brennt der Buddha.
Dharma nicht
Im Bild.

Sinn finden

Einfache Toilette.
Stellst du dir
Die Frage?

Klosterköche

Voller Bauch.
Leidbefreit.
Hölzerner Kochlöffel

Lose Herzen

In der Stadt.
Millionen Menschen.
Anonym.

Mehr

Bestes Stück
Beglückt.
Vergehen tut
Jedes sinnliche Glück.

Zenkreuz

Pfützen
auf dem Bordstein.
Das Herzsutra
Tröpfelt in meine Gedanken.

Am Straßenrand

Der alte Mann.
Faltige Haut.
Windschiefe Zähne.
Erwachtes Lächeln.

Werbung

Ein einzelnes Korn.
Im Ährenmeer.
Ein Sitzplatz.
In der U-Bahn.

Regenwetter

Kleine Pfütze.
Licht spiegelt sich.
Bunte Blätter.
Nasse Gedanken.

Ameisenhügel

Morgens im Bett.
Am Tag im Stress.
Abends meditieren
Und transzendieren.

Bewegend

Jeder Mensch
Eine Perle.
Jeder Gedanke
Ein Berg.

Fülle

Leerer Strand.
Leeres Weidenland.
Leeres Spiegelbild.

Himmlische Freunde

Allein
Im Mondlicht.
Allein
Im Sternenglanz.

Malerin

Nicht fatal,
Sondern selbst gemalt.
Leere Leinwand.

Zersprengte Kette

Ein letzter Hauch
Erwacht.
Keine Zeit
Ohne Karma.

Gartenteich

Der Mond
Im Wasser.
Der Lotus
Schläft.

Unsichtbares Öl

Gemalt.
Leeres Gesicht.
Sterblich.

Quälendes Sehnen

Wilde Rosen.
Zarte Stacheln.
Unsterbliche Gefühle.
Unerfüllte Träume.

Ruhiger Sturm

Leerer Tanz
Im menschlichen Gewand.
Fußglöckchen klingeln.

Vergehen

Schritte im Sand
Verwehen.
Leben erwachen.

Dein Herbst

Im Laub.
Rot und Grün.
Altern sehen.

Einsam

Kleiner See.
Junges Land.
Eins sein.
Meditieren.

Riesenkraft

Mücken stechen.
Flöhe kratzen.
Fliegen summen laut
Beim Meditieren.

Wahres Wunder

Auf Wasser gehen
Oder
Friedlich leben

Geflutet

Der Regen fällt.
Drinnen ist's warm.
Draußen ist's ehrlich.
Deine Wahl.

Wassergeist

Wolken.
Ziehen und vergehen.
Regen fällt.
Pfützen spiegeln.

Wandern

In den Bäumen
Fangen sich Gedanken.
In den Bergen
Bist du frei.

Durchdringen

Nacht.
Blinde Augen.
Wahres sehen.
Tiefer schauen.

Untergehende Sonne

Ferner Berg.
Schneegipfel.
Kälte wärmt.
Fern.

Windhauch

Der letzte Schritt
Verweht.
Erwachen
Überlebt.

Gedankenschranken

Mauern sprengen.
Innen.
Außen.

Nur

Zerstreuter Geist
In der Stadt.
Gesammelt in
Der Natur.

Trübes Fenster

Regentropfen
Prasseln ans Fenster.
Geist kreist.

Großstadtmenschen

Der Nebel
Zwischen den Wolkenkratzern.
Der Nebel
Im verblendeten Geist.

Verdienste

Stupa.
Biene umkreist.
Karma wächst.
Wiedergeburt.

Wasserspiegel

Gib.
Ihr. Und dir.
Wird gegeben.
Nimm. Und dir...

Herbst

Das Blatt fällt.
Dein Leben endet.
Samen.

Waldfluss

Wenn endet,
Dann beginnt.
Frühlings und Sommerkind.
Im Fallen fliegen
Und Vögel singen.

Fußspuren

Winterschlaf.
Leeres Blätterdach.
Kalte Hand.
Warmes Herz.

Du

Ein Reiskorn
In einem Sack
Reiskörner.

Schlange - Seil

Menschen heute.
Todesängste
In den Supermärkten.

Schlammpfütze

Traum geplatzt.
Wahrheit gewonnen.
Beschwer dich nicht!

Kopfstand

Lang. Kurz.
Arm. Reich.
Oben. Unten.
Und für die Erwachten?

Wahre Ursachen

Im Tross
Der Zeit.
Leid wächst
Oder heilt.

Wacher Blick

Verschlafene Augen
Stolpern in Karmafallen
Und bereuen.

Zwei Welten

Die Nacht ruft.
Im Traum begehrt.
Am Tag verloren.

Trostlos

Einsam.
Zweifel ergreift.
Kein Dharma.
Falten.

Frühe Früchte

Der Wecker klingelt.
Die Morgenstund küsst.
Die Erleuchtung winkt.

Praxis

Üben.
Das Erwachen anvisieren.
Den Pfad gehen.

Zengärten

Steine
Sind Planeten.
Insekten
Erleuchtete Wesen.

Glaswand

Im Spiegel.
Dein Selbst verzerrt.
Sorgen gebären.

Sehnsucht

Halb.
Du und ich.
Verlangen prägt.

Wüste

Mönche
Befrieden.
Gierige kriegen.

Dieselbe

Ein Moment
Im Meditationssitz.
Nie mehr derselbe.

Erinnerungen

Hart wie Stahl.
Zäh wie Leder.
Quälend wie Folter.

Mantra

Eine bessere Welt!
Traum? Wirklichkeit?
Der Bodhisattva schreit!

Das Leben

Es kommt. Bleibt.
Vergeht. Wandelt auf dem
Weisheitsweg.

Zwei Klappen

Wir sind.
Streit sticht.
Versöhnung gewinnt.

Ohne Augenlider

Aus dem Westen:
Ein Niemand
Narrte den Kaiser.

Ausreißen

Hoffnung stirbt.
Wahrheit erwacht.
Alles ist möglich.

Ströme

Du bist
Frühling, Sommer,
Herbst und Winter.
Du bist
der Wandel der Zeit.

Buddhas Liebe

Familienzeit.
Das Herz heilt.
Frieden weilt.

Weißer Stupa

Wähle.
Zähle die Perlen.
Kreise und heile.

Heldenträume

Mut
Im Kopf.
Schüchtern
Im Alltag.

Praxis

Reife
Im Dharma.
Heile
Im Leben!

Platscher

Sprungbrett
Religion.
Swimmingpool
Nirwana.

Migra

Ferne Fremde hier.
Tage verlebt.
Zusammen gefunden.

Atemzüge

Das Leben schenkt:
Trauer. Glück.
Erleuchtung.

Karma Vipaka

Manche Momente
Verändern ein Leben.
Manche viele.

Unentrinnbar

Im dunklen Keller.
Vergrabene Geheimnisse.
Vergangenheit holt ein.

Alles

Ausatmen.
Kalter Dampf.
Ausgebrannt.

Erwacht

Zenträume
Gibt es nicht.
Zen träumt
Nicht.

Heile Welt

Er hilfsbereit.
Ich dankbar.
So!

Vereinen

Sich nähern.
Mauern sprengen
Und vergeben.

Gesunden

Träume
Heilen.
Wahrheit
Befreit.

Wahre Ursachen

Dunkel streift
Der Schatten.
Etwas spendet Licht.

Grell

Geblendet
Vom Scheinwerferlicht
Und der Gier.

Askese

Mönch.
Entbehren.
Mehr erleben.

Stand

Ewige Ehe.
Liebe weht im Wind.
Bestehe immer fort.

Liebesglück

Sehnsucht erwacht
Zwischen Gier
Und wahrer Liebe.

Lebe!

Schrei!
Noch ist
Dein Leben nicht vorbei.

Loslassen

Verloren.
Alles. Für immer.
Nimmer mehr.

Buddhina

Kontrovers!
Subversiv,
Aber wahr.

Zen!

Leerer Raum.
Kein Halt.
Reine Freiheit.

Praxis

Klingelnder Wecker.
Dunkelheit.
Erwachter Retter.

Auseinandergelebt

Entfremdete Menschen.
Wandlungen.
Unpassierbare Brücken.

Sunyata

Leer.
Freier Raum.
Wert.

Rituale

Der Gong erklingt,
Dringt ein und
Befreit den Geist.

Samma Sankappa

Wähle weise,
Statt zu kreisen
Kalpalang.

Tiefe Verbundenheit

Liebe
Jenseits der Triebe
Über dieses Leben hinaus!

Todesboten

Krankheit kriecht.
Das Land siecht.
Weltuntergang?

Gelb

Ihr hinkender Schritt.
Ihr gebrochener Leib.
Ihr Stundenglas.

Gedanken

Rote Blätter.
Kalter Wind.
Wandel im Laub.

Verzweigte Äste

Der Herbstwind fegt.
Die Blätter flattern.
Gedanken wehen.

Glut

Dürre.
Die Sonne brennt.
Zu heiß zum Denken.

Im Frühling

Junge Triebe.
Neues Grün.
Kindheitsträume.

Investieren

Junge Haut.
Blondes Haar.
Schönheit vergeht.
Tugend besteht.

Bordsteine

Blechlawinen kriechen
Über die Betonschlangen.
Kalte Wände.
Kalte Herzen.

Schulen

Kinderspielzeug
Aus alten Autoreifen.
Die Zukunft
Aus Müll gebaut.

Dein Leben

Der Job frisst
Dein Glück.
Deine Lebenszeit
Verrinnt.

In dir

Dein Herz
Kennt den Weg
Zum Glück.

Bodhisattvas

Trost
In der Not.
Die Wunden versorgt.

Dein Kreis

Kinder reifen.
Erwachsene verzweifeln.
Senioren entleiben.

Unaufhaltsam

Der Wasserfall
Plätschert.
Der Geist denkt.

Weltlich

Materielle Not.
Steigende Inflation.
Geldsog.

Egogefühle

Schwerer Schlag.
Harter Tobak.
Harsche Kritik.

Zwei Abgründe

Gier verzehrt
Die Erd.
Hass verbrennt
Die Welt.

Wahrer Pfad

Es gibt
Einen Pfad
Jenseits des Sargs.

Zwang

Pipi drückt.
Leid drückt mehr.
Am meisten drückt der Tod.

Herzenslast

Der Neid und
Die Angst sie zu verlieren,
Vernebeln unsere Liebe.

Dein Erfolg

Reiz des Ruhms.
Lauf hinterher.
Kreische Kalpas.

Bodhibaum

Am fernen Ort.
Grüner Hain.
Drei Nachtwachen.

Alles weg

Verlust.
Der Dieb lehrt,
Woran wir anhaften.

Wahre Wege

Tue,
Wonach dein Herz schreit!
Lebe Liebe.

In Samsara

Kraftlos.
Ausgezehrt.
Verloren.

Lebensadern

Mit dem Herz
Kämpfen.
Durch den Atem
Befreien.

Totes Mitgefühl

Schaut TV!
Geht nicht raus.
Bleibt allein Zuhaus!

Erschaffen

Scheinwerfer werfen
Lange Kegel auf die Straßen.
Gedanken werfen
Gebilde in die Welt.

Frühnebel

Kalter Wind.
Voller Mond.
Erwachen taut
Oder friert.

Klammern

Angst in der Nacht.
Einsame Straßen.
Warten auf Gefahren.

Große Meister

Kindermünder
Künden Weisheit.
Hören und lernen
Von den Kleinen.

Ungeduld schmerzt

Menschen in Warteschlangen.
Online und digital.
Die Neue ist die alte Welt

Schlingpflanzen

Wir sind gefangen
Im Technik-Dschungel.
Wir leiden, statt zu meditieren
Und uns zu befreien.

Großstädte

Augen schauen.
Auf der Suche
Nach Vertrauen.

Perlenohrring

Blondes Haar.
Erweckte Gier.
Verzehren.
Nach ihr.

Wenig Sand

Graues Haar.
Wenig Zeit.
Wählt Weisheit!

Der Preis

Verkauf
Ihnen Schmerz.
Brich
Dein Karmaherz.

Auswirken

Gewinnen?
Verlieren?
Siehst du im
Nächsten Leben.

Falsche Illusionen

Immer diese Gier.
Nur Glück
Bringt sie nie!

Mittlerer Pfad

Zwischen
Licht und Schatten.
Zwischen Geburt und Tod.

Ewigkeiten

Frei fließt
Der Atem.
Ein und aus.

Erleuchtungsmoment

In ihrem Schwung
Bewegen sich Kalpas.
Ein Augenblick befreit sie.

Weibliche Kraft

Küssender Sonnenstrahl
Kitzelt meine Haut.
Küssende Bodhisattva
Befreit meinen Geist.

Dahinter

Das Licht wirft
Schatten.
Buddhas Lehre
wirft Erwachen.

Sinnsuche

Suche!
Aber wonach?
Nach dem Ende
Deines Leidens!

Dharmarede

Sprich.
Erhelle den Sinn.
Nutze der Wörter Licht.

Alter

Jeder Schritt
Hat Gewicht.
Jede Bewegung
Schmerzt.

Gespenster

Nacht.
Schatten wandeln.
Der Geist formt Gefahren.

Große Zeichen

Schritte im Sand vergehen.
Der Meister Fußabdrücke
Im Stein bestehen.

Stromeintritt

Blätter im Fluss.
Deine Geburten
Fliegen durch die Zeit.

Arupa

Blätter im Wind
Spielen.
Formen im Geist
Verführen.

Eisern

Steiniger Weg.
Weggefährten fehlen.
Buddhaglaube treibt voran.

Lohnknechte

Arbeiten
Ein Leben lang.
Unglücklich vergangen.

Oase

Ein Baum.
Grünes Grass.
Die Stadt loslassen.

Geraubte Freunde

Im Sog
Des digitalen Stroms.
Das Leben vergessend
Verliert ihr echte Wegbegleiter.

Im

Klarer Teich.
Die Augen der Goldfische.
Lotuskrone.

Meckern

Unheimlicher Druck.
Es sprudelt.
Mitgefühl verschluckt.

Erbarmen

Hölzerner Steg.
Alter Weg.
In den Ritzen
Der Realität

Leere Kerne

Holz brennt.
Wachs schmilzt.
Dein Selbst vergeht.

Mutter

Der Himmel brennt.
Tausend Farben explodieren
Und malen das Paradies.

Gewahrsein

Der Wind weht.
Über'n Asphalt rollen Steinchen.
Alles wird voll erlebt.

Urstoff

Sie rennt,
Steht niemals still.
Sie ist dein Sein.
Zeit.

Bande

Menschenmassen.
Ein Strom an Gleichen
Zwischen Lieben und Hassen.

Siddhartha

Der Weg,
Auf dem sein Leid vergeht.
Die Legende entsteht.

Juwelenglanz

Buddhas Leben.
Dharma Lehre.
Sanghas Wege.

Nebel

Müdigkeit. Verblendet.
Falsches Sehen
Führt ins Leid.

Dharmabrüder

Verbindungen.
Ohne Raum. Ohne Zeit.
Spirituell.

Weitergabe

Der Meister spricht.
Niemand horcht
Und verwandelt sich.

Wieder

Dein Leben
Verweht.
Dein Tod
Vergeht.

zielen

Nirwana.
Weder fern noch nah,
Aber da.

Grüne Tage

Der Bäume Dach
Mein Schutz.
Der Bäume Sein
Mein Heim.

Zerfressen

Winterkälte kriecht.
Kälter kriecht die Gewalt
Und macht vor keinem Halt.

Wahres Fahrzeug

Blechburg.
Falscher Schutz.
Dharma kann deine Zuflucht sein!

Empathie

Gören stören
Die herzlosen Großen.
Gute Herzen erfassen
Das reine Kinderlachen.

Begehren

Ihr Blick
Greift nach mir.
Ihre Gier
Stürzt sie tief.

Verloren

Räder rollen.
Ziellos irrt ihr.
Keine Heimat. Kein Hafen.
Keine Zuflucht.

Bodhisattva Tugenden

Amtgang.
Lange Warteschlange.
Zeit zum Üben.

Verkaufte Mädchen

Gefliester Marmor.
Bordsteinarmor.
Gepflasterte Liebe.

Erlösung

Gefangene
Des Karmas.
Befreite
Im Dharma.

Armut

Schritte
Auf hartem Stein.
Entrechtet
Vom Sein.

Erkenne!

Finde dich!
Tritt ins Licht
Des Buddha-Dharma.

Stierbulle

Macho-Gehabe.
Imposant, stolz und hart;
Geboren aus Angst.

Am Baum

Kühler Grund.
Hartes Kleid.
Meditieren.

Ende und Anfang

Das Ziel ergreifen.
Nie wieder weichen.
Nirwana.

Bodhisattvas

Kniend.
Flehend. Bettelnd.
Den Schwur abgelegt.

Tief fallen

Tiefer Schacht.
Schlammiges Brunnenwasser.
Ein Frosch quakt.

Seon

Kleiner Mann.
Tiefe Lehre.
Weise Worte.

Welten retten

Der Drosselungen Hass
Braucht viel Kraft.
Doch der Lohn ist groß.

Herzraum

Äußerlichkeit führt
Zu Rassismus und Hass.
Innerlichkeit zu
Verbundenheit.

Energie

Mit Kraft.
Mit Ausdauer und Würde.
Den Achtfachen entlang.

Geballte Faust

Zwischen
Traum und Wirklichkeit
Liegt Mut.

Leuchten

Der Griff
Nach den Sternen.
Der Traum
Vom Nirwana.

Heutzutage

Tausend Reize.
Digitale Flut.
Verlorene Achtsamkeit.

Sonnenaufgänge

Morgenstund
Hat Meditation
Im Mund.

Konstruiertes Ego

Ein Tisch
Geformt mit dem Begriff.
Aus Geist gebaut.

Auflösen

Dharma dichten
Und karmische Geschichten
Entflechten.

Jeden Tag

Angst;
Der Tod
Könnte sie rauben.

Trübe Sicht

Dieser Moment
Ist erleuchtet.
Dein Ich ist
Ein schmutziger Filter.

Chan

Frieden
Im Geist.
Frieden
Im Leben.

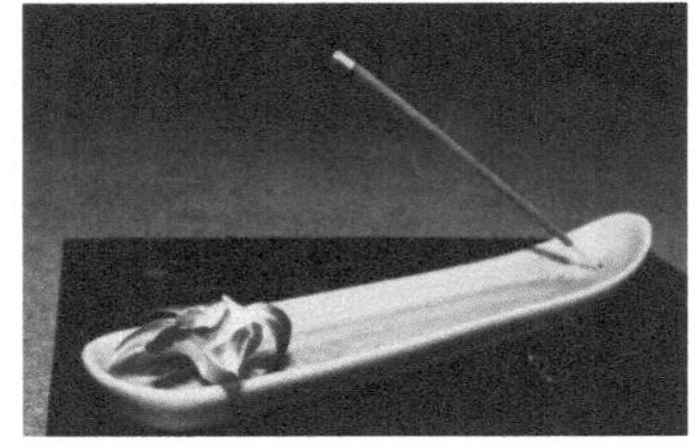

Buddhas Pfad

Acht
Zum Ende des Leids.
Acht
Zum Glück.

Dharma Dao

Kein Seiendes Sein.
Gedankenloses Denken.
Bewusstsein über
Dem Bewussten.

Virtuelle Inhärenz

In den Netzen der Welt
Entsteht dein Wesen neu.
Dein digitales Selbst.

Hohle Hand

Selbst-Scham
Geboren aus Gram.
Die Welt ergreifen
Im Ego-Wahn.

Herbst

Rote Äste.
Sanfte Brise.
Goldene Strahlen.

Dünne Fäden

Blauen Augen.
Ferne Träume.
Unerfüllt ins nächste
Leben nehmen.

Ewiger Wandel

Das Land
Zieht vorbei.
Autos ohne Halt.

Schmach

Erlösung.
Ferne Gunst.
Tiefes Loch.

Teppiche

Laub liegt
Überm Staub
Vergangener Katastrophen.

Symbole

Zeichen
In Bäumen und Bergen.
Leise Geister
Schreien.

Sieben

Wege
Des Untergangs.
Wege
In den Frieden.

Pagode

Alte Mauern
Erzählen Geschichten.
Erwachte auf
Ihren Kissen.

Klare Augen

Im Traum erschauern.
Am Tag die Träume
Zerschneiden.

Stiller Morgen

Mein sanfter Blick,
Der durch das Blätterdach sticht.
Entspannter Geist erscheint.

Frei sitzen

Frieden
Auf dem Kissen.
Frieden
Im Kloster.

Das Nirwana

Ein Ziel
Das keines ist.
Kein Leid bleibt.

Asketen

In fernen Bergen.
In dunklen Wäldern.
Auf den Leichenäckern.

Birken

Der Wind biegt.
Dein Geist verzerrt.
Widersteh!

Unweltlich

Hab losgelassen
Von den stressigen Sachen.
Kann endlich lachen!

Höchste Hügel

Zenkreise.
Endlose weise Worte.
Bergige Orte.

Mittlerer

Finde den Weg,
Der zwischen den
Extremen geht.

Sitzkissen

Ein alter Mönch.
Zahnloses Gebiss.
Unsterbliches Lächeln.

Weggerannt

Zerteilte Katze.
Enthüllte Wahrheit.
Getrennte Wege.

Dharmavortrag

Seinen Worten gelauscht.
Ihrem Glanz gefolgt.
Tief eingetaucht.

Windhauch

Auf deiner Haut.
Ungeschaute Geheimnisse.
Kribbelnde Bilder.

Einheit

Im Zen.
Im Geist
Ungeteilt.

Sinnsuchende

Lebensadern.
Mönche und Nonnen.
Hindurchgedrungen.

Schritte

Zeit reiht.
Uhren drücken.
Tod wartet.

Arbeitskampf

Strenger Mann.
Vorgesetzt.
Buddhistischer Widerstand.
Freiheitskampf.

Angekettet

So viel Leid
Verweilt im Herz
Ohne Sinn.

Nachbarschaft

Häuser sind Berge.
Fenster sind Bergteiche.
Hier sind die Zengebirge.

Skandhas

Wahrgenommenes erfühlen.
Bewusste Schritte spüren
Und das Dharmalied tönen.

Höchste Wahrheit

Sinn
Wiegt leer
Schwer.

Geheilt

Leid endet
Im Paradies.
Leid entsteht nie
Im Nirwana.

Phantome

Der Geist erschafft.
Das Herz schreit
Und schmerzt.

Eine Frage

Finde dein Selbst.
Finde deine wahre Natur.
Strahle leer.

Vereint

Zwei.
Herzen und Hände.
Ein Karmastrom.

Weltenretter

Ein kleiner Marienkäfer
Steckt in der Wohnung fest.
Lass ihn raus!
Lass ihn frei!

Virya Paramita

Sitzen und
Das Leid ausschwitzen.
Sich für immer befreien.

Altes Stroh

Der Armlose bittet
Den Mann ohne
Augenbrauen.

Wilder Bär

Aus dem Westen
Kam niemand.
Im Westen
Sitzt niemand.

Taos Furtgänger

Ende im Anfang.
Endloser Anfang.
Anfangsloses Ende.

Nimmermehr

Dein leerer Blick zersticht
Das Lebenslicht
Und erwacht unendlich.

Ohne Hass

Das Zenherz
Ist friedlich.
Das Zenherz
Ist leer.

Fang an!

Der Weg ist das Ziel
Der Weg ist leer.
Du bist der Weg!

Über den Autor:

Niemand
suchte das Nichts
Und wurde niemals.